¡GIGANTES VOLADORES DE LA ÉPOCA DE LOS DINOSAURIOS

POR **"DINO" DON LESSEM**
ILUSTRACIONES POR **JOHN BINDON**

EDICIONES LERNER / MINNEAPOLIS

Para Peter Wellnhofer y Kevin Padian, prolíficos pedagogos de los Plerosauria

Traducción al español: copyright © 2007 por ediciones Lerner
Título original: *Flying Giants of Dinosaur Time*
Texto: copyright © 2005 por Dino Don, Inc.
Ilustraciones: copyright © 2005 por John Bindon

La edición en español fue realizada por un equipo de traductores nativos de español de translations.com, empresa mundial dedicada a la traducción.

ediciones Lerner
Una división de Lerner Publishing Group
241 First Avenue North
Minneapolis, MN 55401 EUA

Dirección de Internet: www.lernerbooks.com

Las fotografías que aparecen en este libro son cortesía de: © Sinclair Stammers/Photo Researchers, Inc., pág. 13; Raymond Rye, Instituto Smithsoniano, Museo Nacional de Historia Natural, págs. 16–17; © Luis Chiappe, Museo de Historia Natural de Los Ángeles, pág. 24.

Library of Congress Cataloging-in-Publication Data

Lessem, Don.
    (Flying giants of dinosaur time. Spanish)
    Gigantes voladores de la epoca de los dinosaurios /
por "Dino" Don Lessem ; ilustraciones por John Bindon.
       p. cm. – (Conoce a los dinosaurios)
    Includes index.
    ISBN-13: 978-0-8225-6243-6 (lib. bdg. : alk. paper)
    ISBN-10: 0-8225-6243-X (lib. bdg. : alk. paper)
    1. Dinosaurs–Juvenile literature. 2. Pterosauria–Juvenile literature.
3. Birds, Fossil–Juvenile literature. I. Bindon, John, ill. II. Title.
QE861.5.L476618 2007
567.912–dc22   2006001834

Fabricado en los Estados Unidos de América
1 2 3 4 5 6 - DP - 12 11 10 09 08 07

CONTENIDO

CONOCE A LOS REPTILES VOLADORES

¡BIENVENIDOS, FANÁTICOS DE LOS DINOSAURIOS!

Soy "Dino" Don. ME ENCANTAN los dinosaurios y todas las criaturas extrañas que vivían en esa época. Los pterosaurios eran unos de los animales más extraños. Estos reptiles voladores llegaban a medir lo mismo que un avión. Ven a conocer algunos de estos fascinantes gigantes.

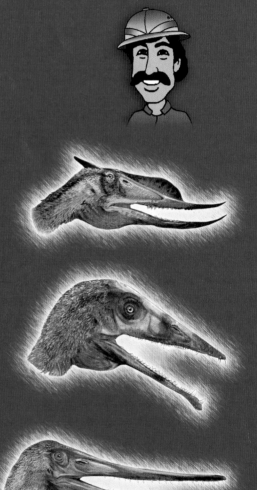

DSUNGARIPTERUS
Envergadura: 10 pies (3 metros)
Hogar: este de Asia
Época: hace 120 millones de años

EUDIMORPHODON
Envergadura: 2 pies (0.6 metros)
Hogar: sur de Europa
Época: hace 220 millones de años

ORNITHOCHEIRUS
Envergadura: 36 pies (11 metros)
Hogar: oeste de Europa
Época: hace 125 millones de años

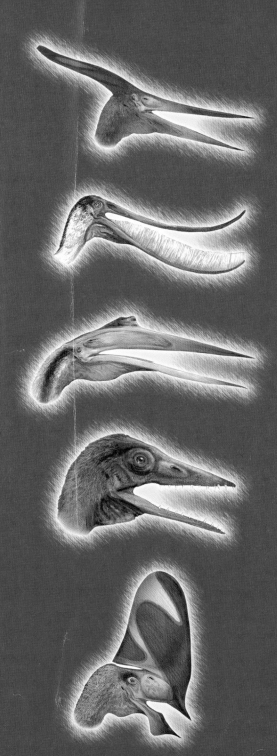

PTERANODON
Envergadura: 23 pies (7 metros)
Hogar: Norteamérica central,
       noroeste de Europa
Época: hace 70 millones de años

PTERODAUSTRO
Envergadura: 4 pies (1.2 metros)
Hogar: Sudamérica
Época: hace 140 millones de años

QUETZALCOATLUS
Envergadura: 40 pies (12 metros)
Hogar: oeste de Norteamérica
Época: hace 65 millones de años

SORDES
Envergadura: 1.5 pies (0.5 metros)
Hogar: Asia central
Época: hace 145 millones de años

TAPEJARA
Envergadura: 30 pies (9 metros)
Hogar: Sudamérica
Época: hace 120 millones de años

EL MUNDO DE LOS REPTILES VOLADORES

Un *Pteranodon* baja en picada sobre un mar poco profundo en el centro de Norteamérica. En el agua nada una criatura marina gigantesca. El *Pteranodon* lucha con la criatura por un pez.

El *Pteranodon* era uno de los reptiles voladores
de mayor tamaño. Sus alas eran tan anchas
como las de tres águilas volando lado a lado.
Sin embargo, el *Pteranodon* pesaba menos de
40 libras (18 kilogramos). Como era tan liviano,
podía volar con gracia y velocidad.

LA ÉPOCA DE LOS GIGANTES VOLADORES

Eudimorphodon

Sordes

Hace 220 millones
de años

Hace 145 millones
de años

El *Pteranodon* es parte de un grupo de
reptiles voladores llamados **pterosaurios**.
Los pterosaurios vivieron millones de años
antes que los dinosaurios. Se extinguieron
junto con ellos, hace 65 millones de años.

Dsungaripterus

Pteranodon

Quetzalcoatlus

Hace 120 millones
de años

Hace 70 millones
de años

Hace 65 millones
de años

Al igual que los lagartos y otros reptiles, los
pterosaurios ponían huevos y tenían
escamas en la piel. Sus alas estaban
hechas de piel estirada y parecían las velas
de un barco.

HALLAZGOS DE FÓSILES DE PTEROSAURIOS

Los números en el mapa de la página 11 indican algunos de los lugares donde se han encontrado fósiles de los pterosaurios que aparecen en este libro. En esta página puedes ver los nombres y las siluetas de los pterosaurios que corresponden a los números en el mapa.

1. Dsungaripterus   2. Eudimorphodon   3. Ornithocheirus   4. Pteranodon

5. Pterodaustro   6. Quetzalcoatlus   7. Sordes   8. Tapejara

En la época de los dinosaurios, los pterosaurios volaban por todo en mundo. Cuando algunos murieron, dejaron restos llamados fósiles. Se han encontrado **fósiles** de pterosaurios en todos los continentes, excepto en la Antártica. Los fósiles de alas, cabezas y colas ayudan a los científicos a entender qué aspecto tenían los pterosaurios y cómo vivían.

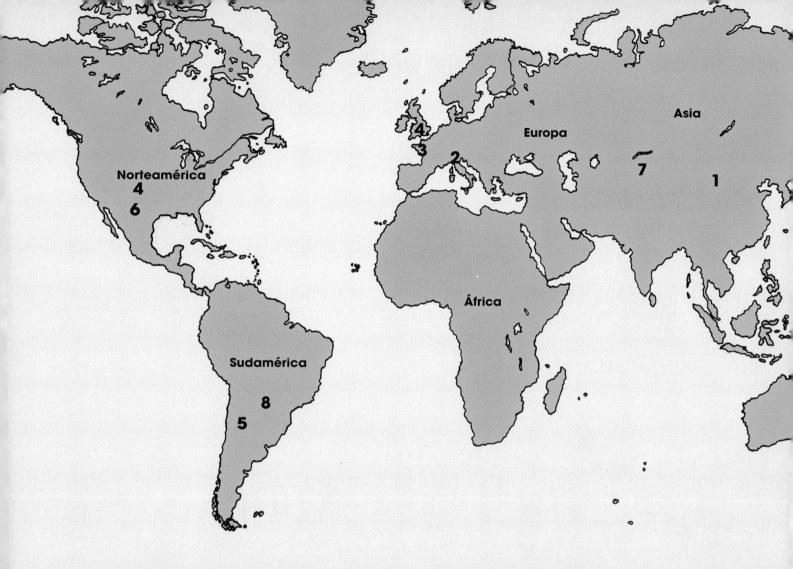

Hemos encontrado fósiles de más de 100 tipos
de pterosaurios, pero los científicos creen que
tal vez había miles más. Sin embargo, no hay
muchos de estos fósiles. Los huesos de los
pterosaurios eran delgados y frágiles, y no se
han conservado bien como fósiles.

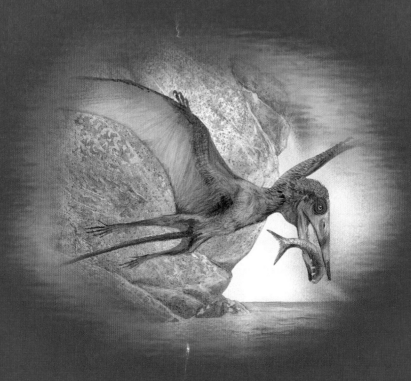

ALAS, CUELLOS Y COLAS

Los primeros pterosaurios se encontraron en Europa hace casi 100 años. Los científicos los llamaron *Pterodactylus*, que significa "dedo que vuela". El *Pterodactylus* tenía un cuarto dedo muy largo en cada brazo. Ese dedo sostenía el ala.

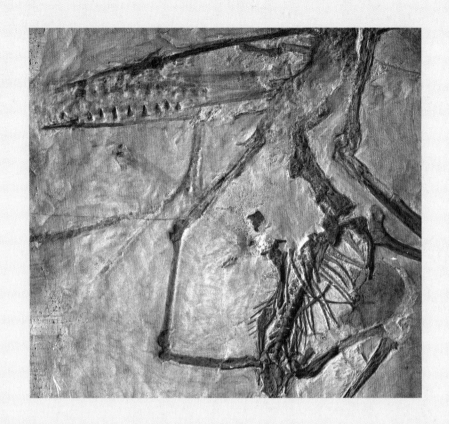

Las aves tienen plumas que atrapan el viento
y les permiten volar. El *Pterodactylus* y otros
pterosaurios no las tenían. Los fósiles muestran
que tenían huesos huecos, tan delgados
como paja. Los huesos huecos son livianos,
y gracias a ellos los pterosaurios eran
suficientemente livianos para volar.

Estos pequeños *Eudimorphodon* planean y
aletean sobre el mar. Buscan peces que
naden cerca de la superficie. Cuando ven
un pez, se zambullen. Para girar, inclinan las
alas y la cola, parecida a una cometa.

Los primeros pterosaurios voladores vivieron hace 230 millones de años. Como el *Eudimorphodon*, estos pequeños voladores tenían cuello corto y cola larga. En la punta de la cola tenían una especie de aleta con forma de rombo. Es posible que usaran la cola para girar durante el vuelo.

A la mitad de la época de los dinosaurios, hace 150 millones de años, un nuevo tipo de pterosaurio más grande era el amo de los cielos. Estos voladores se llaman **pterodáctilos**. Tenían un cuello largo y una cola corta. Sus anchas alas eran tan poderosas que no necesitaban una cola larga para guiarlos.

El pterodáctilo más grande vivió hace 65 millones
de años. Es el *Quetzalcoatlus*. Sus inmensas alas
tenían 40 pies (12 metros) de envergadura. ¡Era
más largo que un autobús escolar!

LA VIDA DE LOS PTEROSAURIOS

Al igual que las aves, es probable que los pterosaurios nacieran de huevos puestos en un nido. Es posible que construyeran los nidos en las paredes de los acantilados.

Estos *Ornithocheirus* llevan peces a sus crías.
Es probable que los adultos tragaran el
alimento primero, y luego lo escupieran en
la boca de las hambrientas crías. ¡Qué rico!

Estos jóvenes *Tapejara* tienen hambre.
Cuando ven un lugar con olas pequeñas,
vuelan en círculos alrededor. Es una señal
de que un cardumen está cerca.

Estos pterosaurios sacaban los peces del agua con su amplio pico, como los pelícanos. Otros usaban sus filosos dientes o angostas mandíbulas para atravesar peces y otras criaturas marinas.

Algunos pterosaurios podían atrapar y comer otros alimentos. El *Dsungaripterus* tenía un pico extraño con forma de zapato. ¿Para qué usaba este pico tan fuerte y grande? Los científicos piensan que lo pudo haber usado para atrapar cangrejos y otras criaturas marinas con conchas duras.

Este gigante volador podría quebrar la coraza
de los cangrejos con sus enormes mandíbulas.
Dentro de la coraza había carne para
alimentarse. El *Dsungaripterus* masticaba su
alimento o tal vez lo tragaba entero.

Algunos pterosaurios tenían mandíbulas
pequeñas sin dientes filosos. Este *Pterodaustro*
tenía la boca llena de cerdas diminutas,
como las de un cepillo.

El *Pterodaustro* chupaba agua y se alimentaba
de los animales diminutos que viven en ella. Estas
criaturas diminutas quedaban atrapadas en las
cerdas de la boca. La boca de las ballenas
jorobadas funciona de la misma manera.

El cuerpo de los pterosaurios era muy ligero. Los animales livianos se pueden enfriar fácilmente. Muchos tienen pelo o plumas para conservar el calor. Los científicos han descubierto que algunos pterosaurios tenían pelo.

Este pterosaurio *Sordes* toma el sol y se seca el pelaje. El *Sordes* era más pequeño que un halcón. Al zambullirse, volar con el viento o sentarse en la lluvia, es probable que este pterosaurio se enfriara mucho. Una capa de pelo le habría servido para mantenerse caliente.

MISTERIOS DE LOS GIGANTES VOLADORES

¿Cómo volaban los pterosaurios? Durante muchos años, se pensó que los pterosaurios planeaban desde los árboles y acantilados con sus anchas alas. Recientemente, algunos científicos pensaron que corrían lo suficientemente rápido para despegar desde el suelo.

Después se encontraron fósiles de huellas de pterosaurio. Las huellas sugieren que los pterosaurios no podrían haber corrido con la velocidad suficiente para saltar al aire y volar. No sabemos todavía con certeza cómo volaban.

Los pterosaurios vivieron antes que los dinosaurios y dominaban los cielos durante la época de los dinosaurios. Pero hace aproximadamente 65 millones de años, los pterosaurios se extinguieron junto con los dinosaurios. ¿Qué les sucedió a estos gigantes voladores?

Tal vez hubo cambios en el clima que causaron su muerte. ¿Qué hizo que cambiara el clima? Los científicos creen que los volcanes hicieron erupción o que un **asteroide** golpeó la Tierra. El humo y el polvo habrían bloqueado el paso de la luz del sol y el clima habría cambiado. Sólo nos quedan los fósiles, que nos muestran que una vez hubo reptiles gigantes que surcaban los cielos.

GLOSARIO

asteroide: gran masa rocosa que se mueve por el espacio

fósiles: restos, huellas o rastros de algo que vivió hace mucho tiempo

pterodáctilos: reptiles voladores de la época de los dinosaurios. Solían ser de gran tamaño, con cola corta

pterosaurios: reptiles voladores que vivieron antes de la época de los dinosaurios y durante esa época

ÍNDICE